내사랑
디노
채나

백명식 글·그림

강화에서 태어나 서양화를 전공했고, 출판사 편집장을 지냈습니다.
어린이들이 좋아하는 책을 쓰고 그릴 때 가장 행복합니다.
그린 책으로는《자연을 먹어요(전 4권)》《WHAT 왓? 자연과학편(전 10권)》시리즈,
《책 읽는 도깨비》등이 있으며, 쓰고 그린 책으로는《돼지 학교(전 40권)》
《인체과학 그림책(전 5권)》《맛깔나는 책(전 7권)》《저학년 스팀 스쿨(전 5권)》
《명탐정 꼬치의 생태 과학(전 5권)》시리즈 등이 있습니다.
소년한국일보 우수도서 일러스트상, 소년한국일보 출판부문 기획상,
중앙광고대상, 서울 일러스트상을 받았습니다.

백명식 글·그림

1판 1쇄 발행 2016년 4월 29일 | 1판 2쇄 발행 2019년 10월 10일 | 펴낸이 정중모 | 펴낸곳 파랑새 | 등록 1988년 1월 21일(제406-2000-000202호)
주소 경기도 파주시 회동길 152 | 전화 031-955-0670 | 팩스 031-955-0661~2 | 홈페이지 www.bbchild.co.kr
전자우편 bbchild@yolimwon.com | ISBN 978-89-6155-671-2  77470, 978-89-6155-668-2(세트)

ⓒ백명식, 2016

· 책값은 뒤표지에 있습니다.
· 저작자와 출판사의 허락 없이 이 책의 일부 또는 전체를 인용하거나 발췌하는 것을 금합니다.

어린이제품안전특별법에 의한 제품 표시
제조자명 파랑새 | 제조년월 2019년 10월 | 제조국 대한민국 | 사용연령 7세 이상

# 냄새 나는 책 3

## 땀

백명식 글·그림

파랑새

## 차례

땀은 왜 날까? 8

더울 때 땀이 많이 나는 이유는 뭘까? 10

땀을 많이 흘렸을 땐 어떻게 해야 할까? 12

땀 냄새의 주범은 누굴까? 14

추울 때 피부에선 무슨 일이 일어날까? 16

땀 냄새가 제일 심한 곳은 어딜까? 18

한겨울에도 땀이 뻘뻘 난다면? 20

땀은 왜 짠맛이 날까? 22

땀띠는 땀 때문에 생길까? 24

식물도 땀을 흘릴까? 26

하마의 땀은 왜 붉은색일까? 28

물고기도 땀을 흘릴까? 30

 시장님을 속인 꾀 많은 청년 32

낱말풀이 40

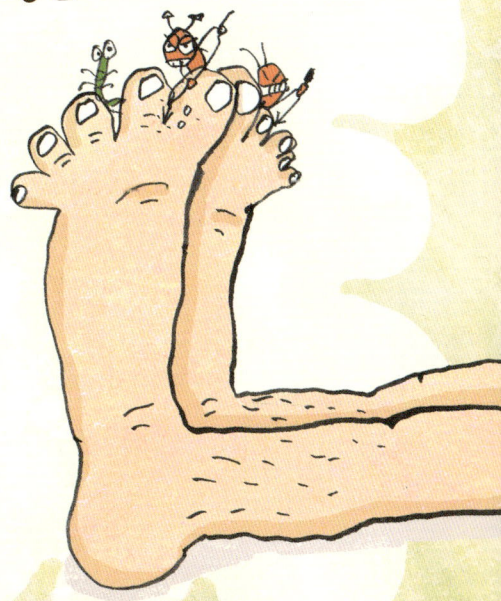

운동을 하고 온 아빠의 몸에서 풀풀 냄새가 나.
"흑, 냄새!"
아빠의 땀 냄새는 정말 참기 힘들어.

## 땀은 왜 날까?

퀴퀴한 냄새가 난다고 땀이 나쁜 것만은 아니야.
땀은 우리 몸에 필요 없는 노폐물을 몸 밖으로 내보내 줘.
또 피부를 건조하지 않게 촉촉한 상태로 유지하고
체온도 조절해 주지.

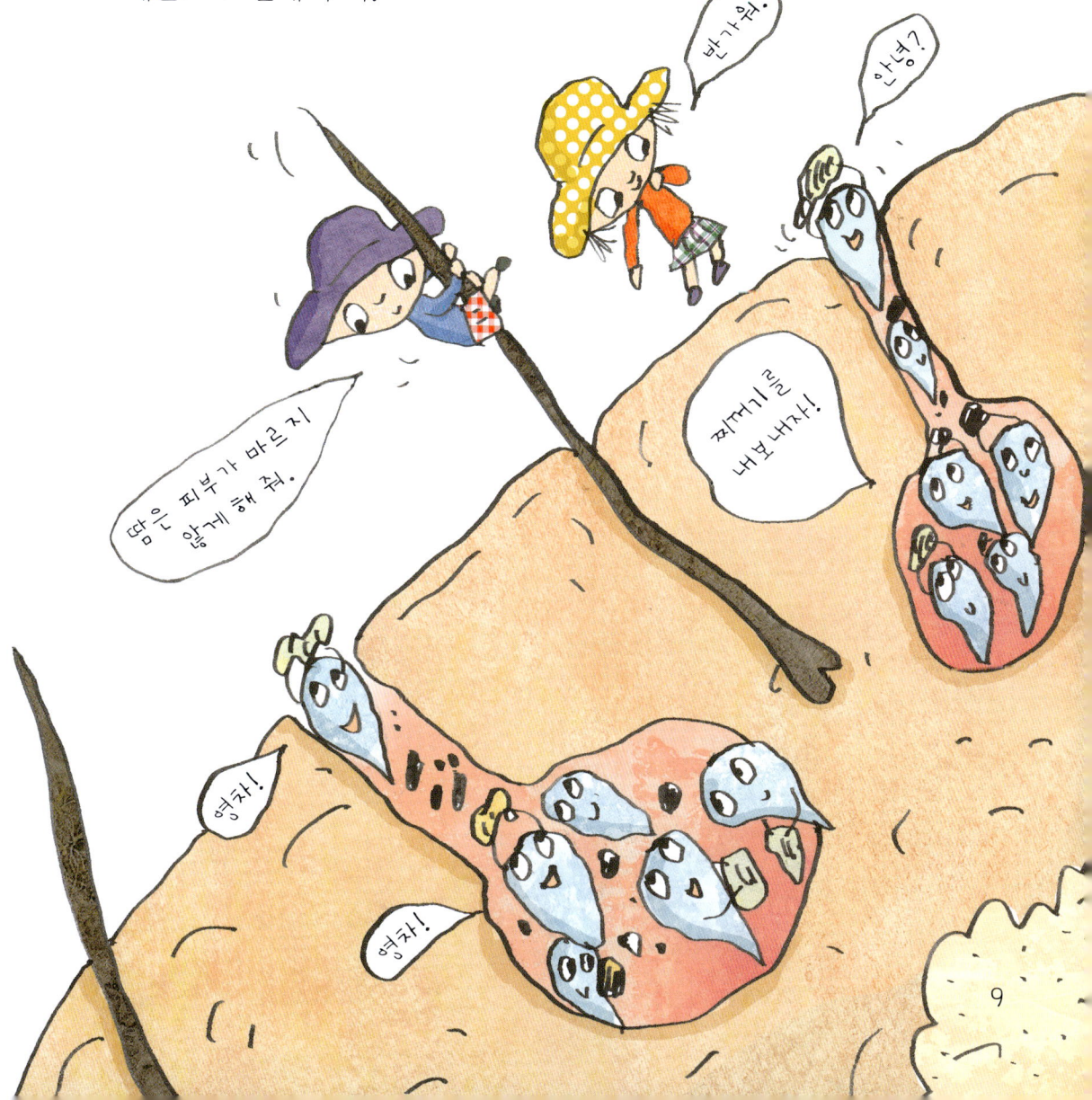

## 더울 때 땀이 많이 나는 이유는 뭘까?

사람들은 보통 하루에 600~700밀리리터의 땀을 흘려.
날씨가 덥거나 운동을 많이 한 날엔 땀을 더 많이 흘리지.
땀은 살갗에 맺혔다가 마르면서 몸의 열을 식혀 줘.
땀이 나지 않으면 몸이 뜨거워지고 몸속의 수분이 말라서
탈수 현상이 일어날 수도 있어.

## 땀을 많이 흘렸을 땐 어떻게 해야 할까?

땀을 많이 흘리고 난 뒤에는
물이나 음료수를 마셔서 수분을 보충해야 해.
안 그러면 몸속에 수분이 부족해져서 탈수를 일으킬 수 있어.
이때 커피나 콜라처럼 카페인이 많이 든 음료는 주의해야 해.
카페인은 오히려 땀을 더 잘 나게 하거든.

## 땀 냄새의 주범은 누굴까?

땀 냄새는 땀 자체가 아니라 땀샘에서 나는 거야.
땀샘에는 두 가지가 있어. 바로 에크린 땀샘과 아포크린 땀샘이야.
체온을 조절하는 에크린 땀샘은 몸 대부분에 퍼져 있고,
아포크린 땀샘은 털이 난 몇몇 부위에만 있어.
그중 아포크린 땀샘에서 지방산 등의 유기 물질이 나오며
땀 냄새가 나게 되지.

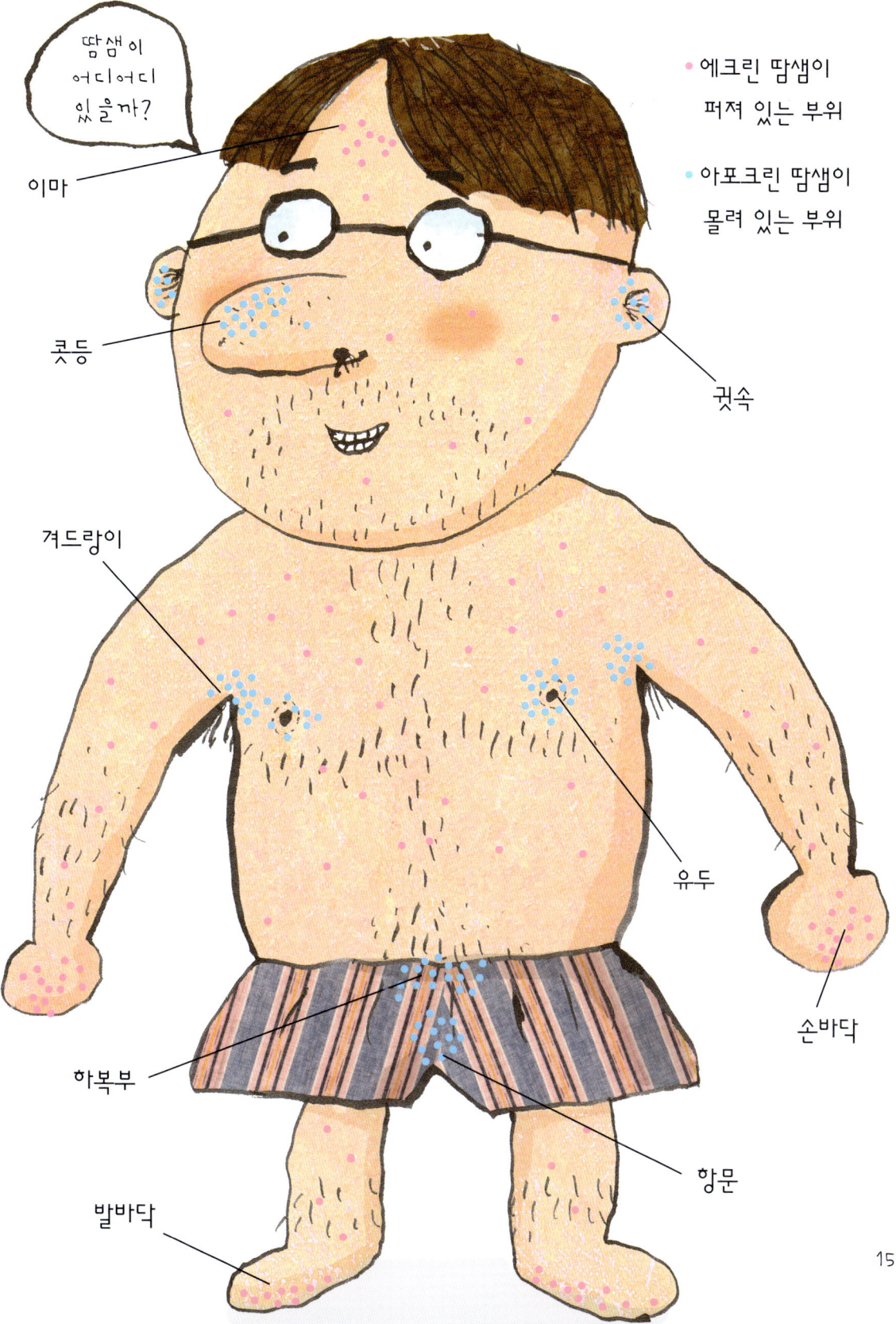

## 추울 때 피부에선 무슨 일이 일어날까?

날씨가 추우면 털구멍(모공)에 있는 털세움근(입모근)이 오므라들어서 피부에 나 있는 털을 꼿꼿하게 세워. 추울 때 닭살이 돋으며 털이 곤두서는 것 알지? 바로 그거야.

털이 곤두서면 털구멍 주변의 땀구멍이 꽉 닫혀서 땀이 밖으로 나가지 못해. 닭살이 돋는 건 땀이 몸의 열을 내보내는 걸 막기 위한 작용이지.

덥지?

**날씨가 더울 때**

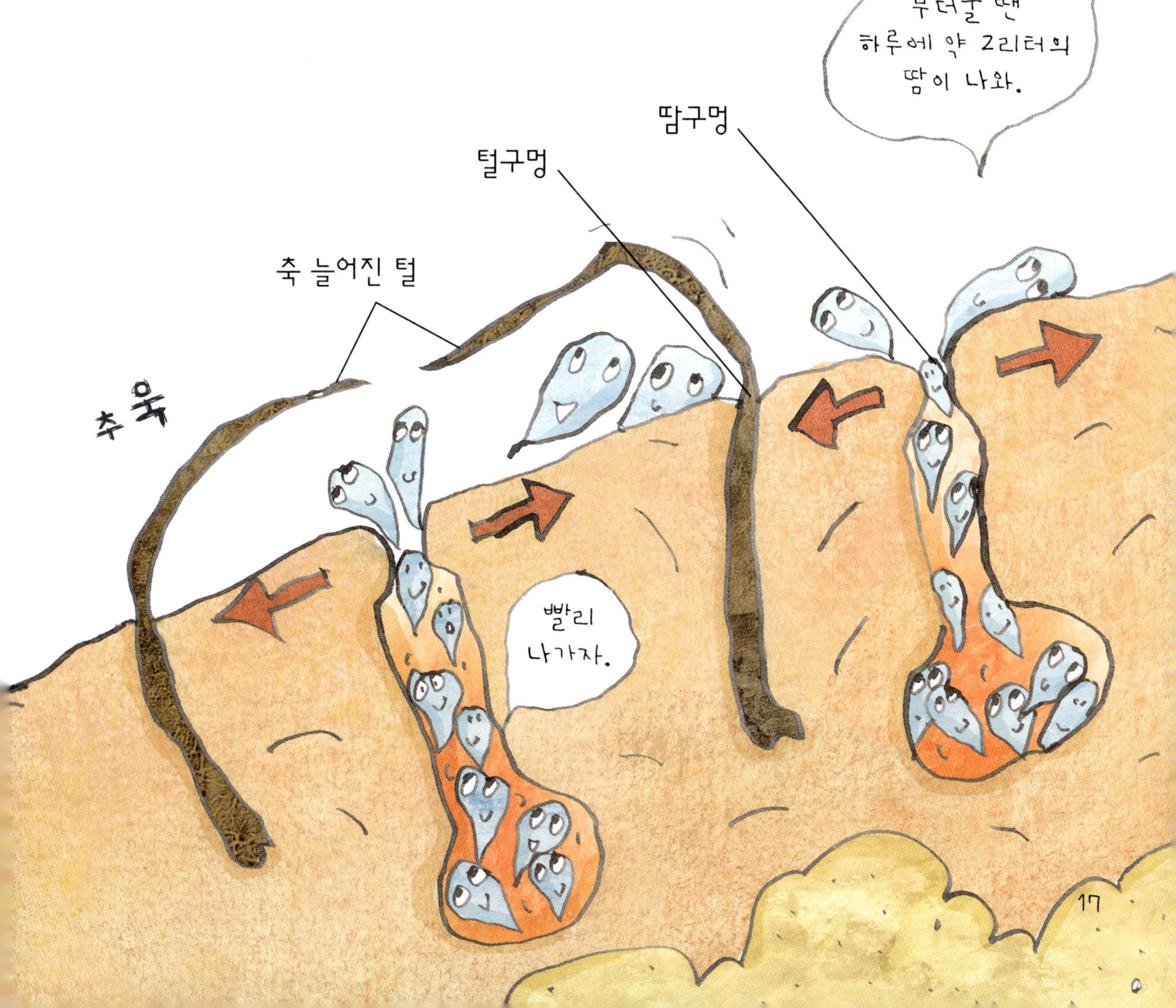

무더울 땐 하루에 약 2리터의 땀이 나와.

땀구멍

털구멍

축 늘어진 털

추욱

빨리 나가자.

## 땀 냄새가 제일 심한 곳은 어딜까?

우리 몸에서 냄새가 제일 많이 나는 곳이 어딜까?
킁킁, 아무래도 머리랑 발, 입에서 냄새가 제일 많이 나는군.
입 냄새는 입속에 사는 박테리아 때문이지만
머리랑 발에서 나는 고약한 냄새의 주범은 바로 땀이야.
냄새를 없애는 가장 좋은 방법은 따뜻한 물로 깨끗이 씻고
보송보송 물기가 남지 않게 잘 말리는 거야.

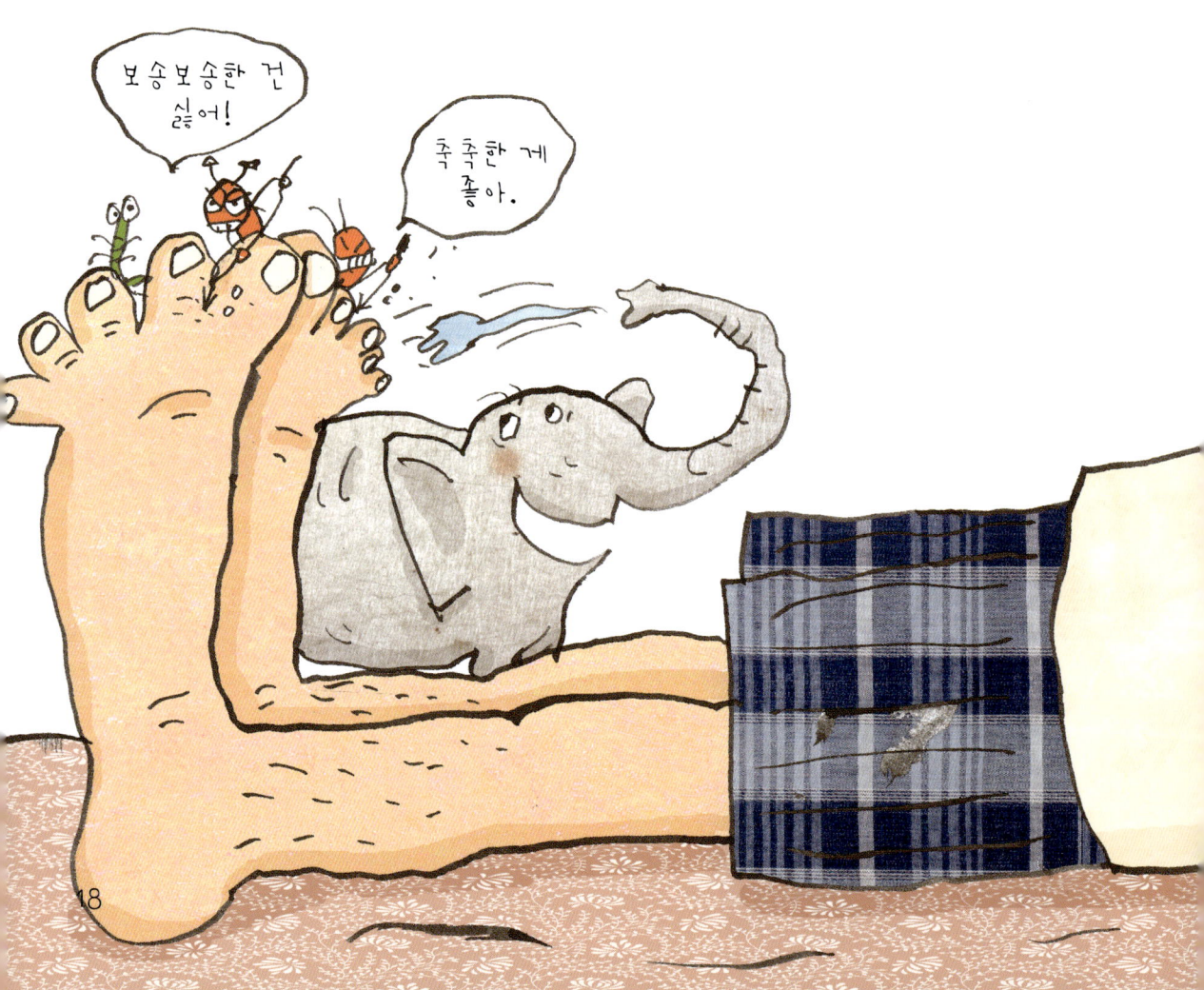

## 한겨울에도 땀이 뻘뻘 난다면?

추운 날씨에도 땀이 뻘뻘, 운동을 하지 않아도 땀이 뻘뻘.
이런 증세를 다한증이라고 해.
체온을 조절하는 자율 신경계에 이상이 생겨서
땀을 필요 이상으로 너무 많이 내보내는 증상이지.

다한증은 당뇨병이나 결핵, 심장 질환 등
특정한 질병에 걸렸을 때 나타나기도 하고,
정신적으로 스트레스를 받을 때 나타나기도 해.
하지만 얼마든지 예방하고 치료할 수 있으니 걱정 마.

## 땀은 왜 짠맛이 날까?

땀은 99퍼센트가 물이고 나머지는 염분 등의 노폐물이야.
염분은 우리 몸 안에서 수분의 양을 조절해 주는 성분으로,
염소와 나트륨 등으로 이루어져 있으며 짠맛이 나.
쉽게 말하면 염분은 소금기라고 할 수 있어.
소금은 염소와 나트륨이 결합한 염화나트륨이니까 말이야.
운동할 때 흘리는 땀에는 평소 흘리는 땀보다 염분이 더 많다고 해.

## 땀띠는 땀 때문에 생길까?

땀띠는 땀샘이 막히면서 염증과 물집이 생기는 증상이야.
주로 땀이 잘 나거나 살이 접히는 부분에 생기며
어린아이나 살집이 많은 사람에게 잘 생기지.
땀띠가 생기면 바람이 잘 통하는 시원한 옷을 입고
피부가 보송보송하게 유지되도록 하는 것이 좋아.

땀띠는 땀이 많이 나는 곳에 생겨.

## 식물도 땀을 흘릴까?

땀은 몸속에 있는 불필요한 액체가
땀구멍을 통해 밖으로 나온 물질이야.
식물은 뿌리를 통해 물을 빨아들여 영양분을 얻고
필요 없는 것은 잎의 호흡을 통해 다시 밖으로 내보내.
어쩌면 이것이 식물의 땀이라고 할 수 있겠지.

## 하마의 땀은 왜 붉은색일까?

하마가 흘리는 땀은 붉은색이고 끈적끈적해.
그 이유는 땀 속에 붉은색과 주황색을 띠는
색소들이 들어 있기 때문이야.
하마의 땀은 자외선으로부터 하마의 피부를 보호하고
나쁜 병균이 들어오는 것을 막아 줘.

## 물고기도 땀을 흘릴까?

짠 바닷물에 사는 물고기는 물속에서 많은 염분을 섭취해.
그래서 염분을 다시 내보내는 역할을 하는 세포가 있어.
이 세포들은 물고기 껍질 부근에 자리 잡고서
불필요한 염분을 물과 함께 배출시키지.
어쩌면 이것이 물고기가 흘리는 땀이 아닐까?

물의 염분이 30퍼센트라면 체액의 염분도 30퍼센트여야 하지.

# 시장님을 속인
# 꾀 많은 청년

어느 추운 겨울, 아주 추운 날이었어.

어느 도시의 시장님이 차를 타고 산을 넘고 있었지.

산꼭대기에 오르자 추위는 더 심해졌어.

두터운 솜바지부터 털모자까지 겨울옷으로 온몸을 꽁꽁 싸맸지만

살을 에는 추위를 당해 낼 수가 없었지.

그런데 저만치에서 어느 청년이 뛰어오는 게 보였어.

그 청년은 한참 더운 여름에나 입는 얇은 옷을 입고 있었지.

더욱 놀라운 것은 땀이 비 오듯 흐른다는 사실이었어.

기가 막힌 시장님은 곧바로 청년을 불러 세웠어.

"여보시오, 당신은 누구시길래 어찌 이 추운 겨울에

그렇게 얇은 여름옷을 입고 다니오?

게다가 땀까지 삐질삐질 흘리면서 말이오."

그러자 청년이 이마에 흐르는 땀을 닦으며 말했지.

"저는 아랫마을에 사는, 성은 '가', 이름은 '거라'라고 합니다.

제가 땀을 흘리는 이유는 이 여름옷이 너무 따뜻하기 때문입죠."

"여름옷이 따뜻하다니 그게 무슨 소리요?"
"이 옷은 너무 얇아서 차가운 바람이 들어와도
금방 빠져 나가 버리고 맙니다.
하지만 시장님께서 입는 옷은 두꺼운 솜옷이라
차가운 바람이 한번 들어오면 나가질 못하니
안 춥고 견디겠습니까?"
"음. 생각해 보니 그 말이 맞는 것 같구먼.
그렇다면 내 두꺼운 겨울옷과
당신의 얇은 여름옷을 바꿔 입읍시다."

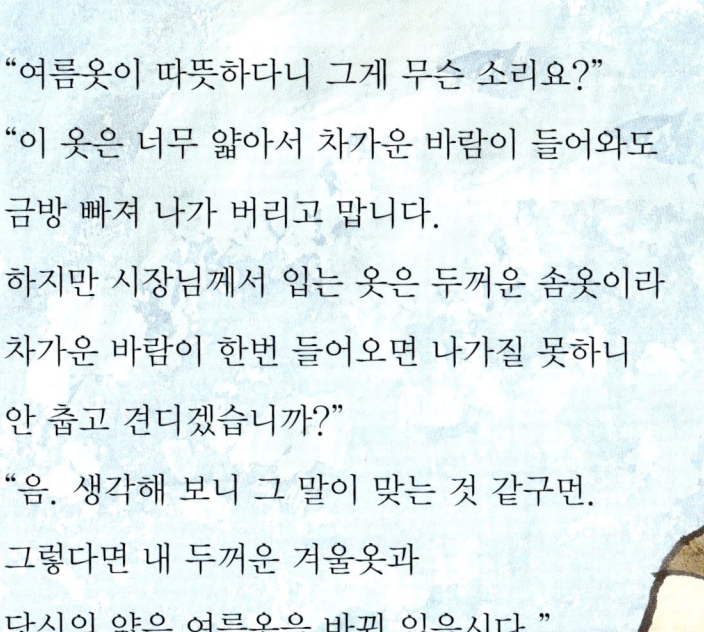

그리하여 시장님은 얇은 여름옷을 입고
청년은 솜을 두툼히 넣은 겨울옷을 입게 되었어.
"그럼 저는 급한 볼일이 있어 이만 가 보겠습니다."
청년은 이 한마디를 남기고 휘적휘적 가 버렸어.
그런데 아무리 기다려도 몸이 따뜻해지지 않았어.
얇은 여름옷을 입은 시장님은 너무 추워서
입이 덜덜 떨려 말도 제대로 나오지 않을 지경이었지.

"소, 속았다! 어, 어서 그 청년을 다시 불러오너라!
이름이 뭐, 뭐라고 했더라……. 아, 생각났다.
가, 가, 가거라! 가거라!"
시장님의 명령대로 모두들 소리 높여 외쳤어.
"가거라! 가거라!"
"예예, 가고 있습니다. 가지 말라고 해도 가겠습니다."
청년은 뒤도 돌아보지 않고 냅다 달아났다지 뭐야.

## 낱말풀이

**결핵** : 결핵균이 몸속에 들어와 일으키는 병으로, 주로 폐결핵을 말한다. 결핵에 걸리면 기침이 나거나 열이 오르고 몸이 쇠약해진다. 이때 땀이 많이 나는 다한증을 보이기도 한다.

**노폐물** : 우리 몸속으로 들어온 물질 중 영양분으로 쓰이고 남은 나머지 찌꺼기나 건강에 해가 되는 물질을 말한다.

**다한증** : 몸에서 필요 이상으로 땀을 많이 내보내는 증상을 말한다. 특정한 질병이나, 긴장이나 불안감으로 인한 스트레스가 원인이다. 생활하는 데 불편할 정도로 증상이 심해지면 치료를 받아야 한다.

**당뇨병** : 오줌에 당분이 섞여 나오는 질병으로, 우리 몸에서 포도당을 분해하는 호르몬인 인슐린이 부족해서 혈액 속에 포도당이 너무 많아서 생긴다. 당뇨병의 원인으로는 선천적으로 몸에서 인슐린을 만들어 내지 못하는 경우도 있고, 고열량, 고지방 음식을 자주 먹는 식습관이나 운동 부족, 스트레스 등 생활 습관으로 인해 인슐린 기능이 떨어지는 경우도 있다.

**땀띠** : 땀구멍이 막혀서 땀이 밖으로 원활하게 나오지 못할 때, 피부에 있는 땀샘에서 염증이 나거나 작은 물집이 생기는 것을 말한다.

**땀샘** : 포유류에게만 있는 피부 조직으로, 땀을 밖으로 내보냄으로써 체온을 조절하고 몸속의 노폐물을 내보내는 기능을 한다. 체온 조절 기능을 하는 에크린 땀샘, 체취를 내는 분비물을 내보내는 아포크린 땀샘이 있다.

**염분** : 바닷물에 녹아 있는 염류의 양을 뜻하는 말로, 바닷물 1킬로그램에 들어 있는 염류의 그램 수로 표시한다. 염류는 염화나트륨(소금)을 포함한 각종 무기 물질을 뜻한다.

**유기 물질** : 지구 상에 있는 여러 가지 물질 중 생물이 만들어 내는 물질을 말한다. '유기물'이라고도 하며, 지방, 단백질 등 탄소를 가진 화합물을 말한다. 생물에게서 만들어지지 않은 물질은 '무기 물질' 또는 '무기물'이라고 한다.

**자율 신경계** : 우리 몸에서 의지와 상관없이 자동으로 작동하는 신경계를 말한다. 심장이 박동을 하거나 폐가 호흡을 하는 것, 음식물을 소화시키는 내장의 운동 등이 자율 신경의 작용으로 이루어진다.

**전해질** : 고체 상태에선 전기가 통하지 않지만 물에 녹으면 전기가 통하게 하는 물질을 말한다. 우리 몸속에 있는 전해질로는 나트륨, 칼륨, 칼슘, 마그네슘 등이 있으며, 이들은 혈액을 타고 다니며 여러 가지 생리 작용을 일어나게 한다.

**카페인** : 커피나 녹차와 같은 일부 식물에 들어 있는 물질로, 우리 몸 안에 들어오면 정신을 맑게 하고 기분을 들뜨게 하는 효과가 있다. 하지만 너무 많이 섭취하면 그 효과가 약해지고 불면증이나 카페인 중독을 일으킬 수 있다.

**탈수** : 수분이나 전해질이 부족해 몸에 이상이 생기는 것을 말한다. 탈수가 심하면 몸에 열이 나고 설사나 구토를 일으킬 수 있다. 아주 심한 경우에는 목숨을 잃을 수도 있다.

**털구멍(모공)** : 피부에서 털이 나는 구멍을 말한다. 털구멍으로 땀과 함께 피지나 노폐물도 빠져나온다.

**털세움근(입모근)** : 털뿌리(모근)에 붙어 있는 근육으로, 수축하면서 피부에 소름이 돋게 한다.